HENRI,
DUC DE BORDEAUX,

OU

CHOIX D'ANECDOTES

SUR LA VIE DE CE PRINCE.

(Extrait de divers journaux,
et de brochures publiées chez Dentu.)

PARIS. — IMPRIMERIE DE G.-A. DENTU,
rue d'Erfurth, n° 1 *bis*.

HENRI,
DUC DE BORDEAUX,

OU

CHOIX D'ANECDOTES

SUR LA VIE DE CE PRINCE.

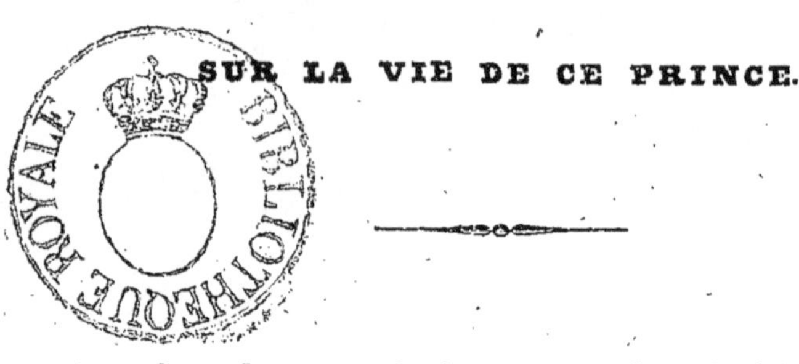

Si quelque chose pouvait ajouter au touchant intérêt qu'inspirent deux nobles enfans dans leur exil, ce serait la connaissance de leur esprit précoce, de cette âme ardente et généreuse dont ils donnèrent de si fréquens témoignages. Les traits suivans se rattachent à l'époque de leur éducation en France. (*Souvenirs d'un officier de l'ancienne armée. Revenant du 5 février.*)

On avait beaucoup parlé, au château, de la manière ingénieuse dont les soldats de garde à Saint-Cloud avaient dessiné sur le sable, avec de la mousse, un écusson représentant les armes de France. Le duc de Bordeaux et sa sœur demandèrent à y être conduits. A l'approche des augustes enfans, le poste ayant pris les armes, l'officier allait faire les commandemens d'usage, lorsque le jeune prince, s'avançant seul vers la troupe, s'écria d'une voix ferme : *Garde à vous, grenadiers ! Présentez vos armes ! haut les armes ! rompez vos rangs, marche !* et bientôt après se mêlant avec les soldats et les prenant tour à tour par la main : *Allons,* leur disait-il, *venez avec moi, je veux travailler aussi avec vous.* Son Altesse Royale s'approcha alors du tableau, se mit à genoux, et choisissant l'inscription qui portait : *Vive le duc de Bordeaux !* le jeune prince écrivit après : *Premier grenadier de France !*

De son côté, MADEMOISELLE n'était pas restée oisive ; au-dessous de l'inscription : *Vive Mademoiselle !* elle avait écrit : *Vive l'armée française !*

Le trait suivant prouvera que les jeunes enfans qui partageaient les jeux de Son Altesse Royale ne mettaient pas autant de complaisance qu'on pouvait l'imaginer à se laisser vaincre, et donnera en même temps une idée du sentiment que le jeune prince avait déjà de sa dignité.

Il arriva qu'un jour l'un des enfans admis aux parties de course du prince eut l'adresse, après l'avoir fatigué, de le saisir au moment où le duc de Bordeaux croyait lui échapper, et de l'emmener prisonnier, pour lui faire subir la peine infligée par la règle du jeu. Il fut convenu que le prince obtiendrait grâce, mais il fallait qu'il la demandât à genoux. « *A genoux!* s'écria-t-il en écartant avec force ceux de ses compagnons qui l'entouraient. *On ne s'y met pas même devant le roi!* Le duc de Bordeaux *n'aura jamais de grâce à ce prix-là!* » Le prince avait alors sept ans.

Dès les premières années du duc de Bordeaux, on pouvait remarquer son penchant à la bienfaisance, en même temps que cette nuance de vivacité et d'impatience qu'il trouva dans l'héritage de bonté de son malheureux père.

Un jeune tambour de la garde avait été pris en affection par le prince, auquel il montrait le maniement des armes. Un jour, une partie de quilles fut proposée, après l'exercice, par le duc de Bordeaux; mais il tenait à intéresser la partie, et pour cause : on joua dix francs contre une croquignole que devait subir le jeune tambour, s'il perdait. Celui-ci gagne la première partie. Le jeune duc paye, et demande sa revanche. A la seconde, le hasard ou son adresse avait donné un grand avantage au prince, lorsqu'on s'aperçoit qu'il joue négligemment et de manière à compromettre sa partie. Sur l'observation qui lui en est faite à plusieurs reprises, il s'approche d'un officier de sa suite, et lui dit tout bas : *C'est que je voudrais perdre encore.*

Quelle leçon pour certaines gens !...

Un jour on préparait une carte d'Europe, pendant une leçon de géographie. Les deux enfans étaient présens à ce travail ; déjà les contrées du nord étaient coloriées ; la longue ligne du Pas-de-Calais était à peu près tracée, quand un des artistes se prit à dire : *Nous voici bientôt en France.* Tout à coup le duc de Bordeaux, dont l'attention était portée sur un autre point, accourt au mot de France, et s'écrie : *A moi la France! à moi, mon beau pays! C'est moi seul qui veux m'occuper de la France!*

(Revenant du 5 février.)

Qui ne serait ému par ce cri du cœur : *A moi la France!* Le jeune prince passait un jour devant un poste sous les armes ; il quitte brusquement la main de son gouverneur, et, se plaçant au milieu du peloton de grenadiers, il dit à M. de Damas, étonné : *Vous êtes étonné, monsieur le baron! c'est que je suis soldat aussi, moi : je sers la France.* La France, toujours la France ! c'est là l'objet de toutes ses pensées, de toutes ses actions.

Le roi et le dauphin étant absens, et le duc de Bordeaux se trouvant le seul prince de la famille au château des Tuileries, c'était à S. A. R. à donner le mot d'ordre. M. de Damas ayant averti son élève du devoir qu'il allait avoir à remplir : « *J'y avais songé*, dit le jeune Henri. — *Et quels noms avez-vous choisis, monseigneur?* — *Mais, en vérité, monsieur le baron, je ne peux le dire ; vous le saurez tantôt.* » Sur ces entrefaites, arrive l'officier supérieur de service pour demander l'ordre au gouverneur ; mais le jeune prince va au devant de l'officier, qui s'incline ; et se dressant sur la pointe du pied, il lui dit à l'oreille : « *France ! fidélité !* » (*Revenant* du 22 février.)

Ces qualités si aimables, cet enjouement plein d'esprit et de naïveté, et surtout cette affection si vive pour *son beau pays de France*, l'ont accompagné dans son exil. Au milieu de tant d'infortunes, il n'a oublié que le mal que lui ont fait ses ennemis. (*Voyage à Holy-Rood*. Extrait du *Revenant* du 4 février.)

Voici des détails transmis par des voyageurs dignes de foi, sur cet Henri qu'on ne peut s'empêcher d'aimer :

J'ai eu plusieurs occasions de voir et de connaître le jeune prince ; il a le caractère impétueux de son père, les grâces et la gaîté de sa mère, le bon cœur de tous ses parens. Peu d'enfans ont à cet âge l'esprit aussi cultivé, surtout sous le rapport des connaissances historiques. Je suis persuadé que beaucoup d'hommes, qui se croient instruits, ne savent pas aussi bien que lui l'histoire ancienne et moderne ; je l'ai entendu répondre fort bien à des questions sur cette matière, qui auraient mis, peut-être, dans un honteux embarras, *certains élèves du collége Henri IV beaucoup plus âgés que lui.*

J'allais un jour avec le prince et ses jeunes camarades aux eaux de Leith pour prendre un bain de mer. Arrivé à Leith, ils commencèrent par courir, sauter, franchir les fossés à qui mieux mieux, dans la plaine qui borde la mer. Le duc se montra, sans contredit, le plus leste de tous. Ce jour-là il nous parla beaucoup de la France, de Paris, de Saint-Cloud, de la terrasse de Saint-Germain. « *Vous reverrez bientôt notre beau pays, messieurs; c'est un bonheur que je vous envie. Mais j'y retournerai, j'espère, moi aussi... si vous voulez me le permettre.... »*

..... Le nom français est sacré pour lui, et c'est avec une joie pleine de confiance et d'abandon qu'il voit ceux qui viennent de son pays de France. S'ils sont malheureux (et il en voit plus de malheureux que d'heureux), il épuise son *mince budget* pour les secourir; et si la somme ne lui paraît pas suffisante, il court demander à ses maîtres quelques avances sur les gratifications hebdomadaires dont on a coutume d'encourager son travail.

Les pauvres Ecossais ont aussi leur part de ses petites libéralités. J'eus la curiosité, en passant un jour dans la *Canongate* (1), de demander à une vieille femme, assise devant la porte d'une des dernières bicoques de ce misérable faubourg, si elle connaissait le duc de Bordeaux. Voici ce qu'elle me répondit :

« *Je ne connais pas de plus gentil petit garçon; il est bon pour les pauvres gens, et ne garderait pas l'argent lorsque quelqu'un en a besoin; et tant pis sera pour nous tous ici lorsqu'il s'en ira chez lui en France.* »

Henri, duc de Bordeaux, est le prince le plus étonnant pour son âge; toujours adroit dans les exercices du corps, il possède déjà une instruction profonde et variée. L'histoire de tous les peuples lui est si familière, qu'il embarrasserait la plupart des hommes qui passent pour instruits. Il a de plus, ce qui ne s'acquiert pas, cet esprit de traits et d'à-propos, ces réponses soudaines, aimables et fines, ce don des mots heureux qu'il tient d'Henri IV et de Charles X.

Ce jeune prince excite à Edimbourg un vif intérêt; chacun a son anecdote à citer. En voici quelques-unes :

A Paris et à Saint-Cloud, M. le baron de Damas avait institué des prix pour le prince et ses jeunes compagnons. En Ecosse, où le jeu d'arc est en grand honneur, il songea à rétablir ces prix, dont les circonstances rendaient nécessairement la valeur très-différente. « *Je voudrais bien savoir,* dit un jour le duc de Bordeaux, *quelle espèce de prix vous pourrez nous donner ici.* — Monseigneur, lui dit le gouverneur, les triomphateurs ne recevaient à Rome qu'une couronne de feuillage. — Oui, répondit le jeune prince; mais les villes abattaient leurs murailles pour les faire entrer. »

« N'est-ce pas, monseigneur, lui dit-on un jour, que c'est une

____

(1) La *Canongate,* la plus longue et la plus ancienne rue de *la vieille ville* d'Edimbourg, qui conduit de la ville neuve à *Holy-Rood.*

belle chose que des moustaches. — Oui, répondit-il. » Mais, se retournant avec vivacité vers M. de Lavilatte, officier de sa maison, « je connais quelque chose de plus beau encore, c'est une balaffre au milieu du visage, comme celle de mon cher de Lavilatte ; » et il se jette à son cou, et baise cette noble cicatrice, que déjà il sait apprécier (1).

Jamais éducation ne fut plus libérale, dans l'honorable acception de ce mot. Vif, animé, naturel, le jeune Henri parle, agit avec cette aisance, cette grâce, cette franchise déjà presque militaire qui gagne tous les cœurs.

On parlait devant lui d'un jeune homme dont la conduite coupable n'a pu trouver d'indulgence qu'à Holy-Rood. Il en paraissait indigné ; son âme se soulevait, et il le témoignait hautement. « Mais, mon fils, lui dit MADAME, remarquez que ce jeune homme a sans doute suivi l'impulsion de ses parens ; le condamnerez-vous pour avoir obéi ? Si je vous commandais une action qui vous parût contraire à l'honneur ou au devoir, est-ce que vous me désobéiriez ? — *Tout de suite, ma mère,* » s'écria le prince.

« MADEMOISELLE est charmante de grâces, d'esprit et de bonté. Je lui demandais, dit l'auteur des *Souvenirs,* si elle me faisait l'honneur de me reconnaître, et si elle avait la bonté de se souvenir de m'avoir vu à Lulworth. — Oui, me répondit-elle, je m'en souviens bien ; » et elle ajouta en soupirant : « Ah ! Lulworth !.. — Comment, lui dis-je, MADEMOISELLE paraît regretter Lulworth ; cependant Holy-Rood est bien plus beau, et la ville d'Edimbourg est superbe. — *Oui,* me répondit-elle, *mais Lulworth n'est qu'à une journée de la France ! Ici on en est bien loin !.....* »

Ce qui frappe, en voyant Mme la duchesse de Berry et ses enfans, c'est cette presque identité qui existe entre tous trois ; mêmes traits, même coupe de visage, même teint, mêmes cheveux. Il semble que la Providence a voulu réfuter d'avance ces bruits aussi absurdes qu'infâmes, qui n'annoncent que la rage impuissante de leurs auteurs, et protester contre cette *protestation* prétendue qui n'a jamais été ni avouée ni démentie. Du reste, il n'y a peut-être pas de négociant à Paris qui daignât se contenter de l'habitation qui suffisait à Mme la duchesse de Berry, pendant son séjour à Bath. Deux pièces au rez-de-chaussée, autant au premier, autant au second, voilà

---

(1) M. de Lavilatte est un ancien militaire connu par son courage, *sa force prodigieuse et son dévouement.* Il a été capitaine dans la garde royale ; il ne quitte jamais le duc de Bordeaux, et ça a été un choix très-heureux que celui de cet officier distingué pour le placer auprès de la personne du prince.

tout. Mme de Bouillé, une seule femme de chambre, un domestique, et un homme qui fait la cuisine. Mais qu'importe à MADAME si son habitation est étroite, si son repas (composé de deux ou trois plats au plus) est frugal; si une seule lampe éclaire sa table, et deux chandelles son escalier; que lui importe, pourvu que les pauvres continuent à être secourus, et que son hôpital de Rosny ne manque de rien. Elle donnait son superflu, elle partage son nécessaire.

L'amour des lettres, la protection des arts et les doux plaisirs d'une ingénieuse bienfaisance avaient fait en France le charme et l'occupation de la vie de MADAME. Ici elle nous a paru livrée à des pensées plus élevées, à des réflexions profondes. On croirait qu'elle se prépare à l'accomplissement de quelque grand devoir. C'est toujours la même simplicité, la même grâce; mais il s'y joint quelque chose de plus grave : MADAME, qui pendant sa grossesse avait la certitude que le Ciel lui accorderait un prince; qui, dans les indispositions de son fils, n'a jamais pu rien voir d'inquiétant, n'a pas perdu la foi dans la Providence et dans l'avenir. Elle semble se dire : *Non, ce n'est pas en vain que Dieu m'a donné mon cœur et mon Henri!....* Nous avions laissé Jeanne d'Albret, nous avons trouvé Marie-Thérèse et Blanche de Castille........

Ah! si les abdications avaient pu être acceptées, si les circonstances, si la volonté du Ciel avait permis qu'Henri V fût proclamé; si *Madame* avait pu être déclarée régente du royaume, elle aurait étonné le monde par la grandeur de ses vues et la sagesse de son gouvernement! ....

(*Souvenirs d'Holy-Rood, de Lulworth
et de Bath.*)

Nous avons revu M. le duc de Bordeaux et MADEMOISELLE, tous deux charmans, frais, purs comme deux boutons de lis. Le jeune prince a grandi et s'est beaucoup fortifié. L'exercice des armes et du cheval a donné à sa taille plus de développement et plus d'aplomb. Il montre toujours la même vivacité, la même aisance, la même politesse, et il est impossible d'avoir un abord plus gracieux.

Le roi Charles X est calme, plein de dignité et de noblesse. Son abdication et celle de M. le Dauphin ont fait passer sur une autre tête les droits de la légitimité. Ce qu'il a fait en cette occasion, il l'a fait pour le bien du pays (1).

Nous avons été rendre nos devoirs à M. le duc de Bordeaux, qui nous a fait la grâce de nous engager à assister à ses leçons d'anglais

____

(1) Il est bon de rappeler ici que les abdications du roi et du dauphin

et d'équitation. Il nous a permis de le suivre aussi à ses récréations, à ses repas, à ses promenades. Et c'est une heureuse idée qu'a eue son instituteur de désirer que les personnes dignes de confiance pussent approcher librement de son élève, juger son caractère et apprécier ses dispositions et ses progrès. Cette espèce d'éducation publique me paraît la seule qui convienne à un prince. M. le duc de Bordeaux ne peut que gagner d'ailleurs à être ainsi regardé de près. On trouve chez lui, non cette mémoire d'enfant, neuve, facile, qui apprend et qui oublie, mais une mémoire d'homme, secondée par l'intelligence, appuyée sur le raisonnement.

Dès six heures du matin, le jeune prince commence ses études. D'abord, ce sont les armes, où il réussit à merveille. Déjà son maintien est assuré, ses poses sont fermes et élégantes; puis il donne ses soins à l'allemand, à l'anglais et au latin. Mais ce qu'il y a de plus surprenant au monde, ce qu'on n'imaginerait pas, si on n'en avait été le témoin, c'est la perspicacité, la mémoire, je dirai même la profondeur de réflexion que déploie le jeune prince dans ses leçons d'histoire. Certes, si cette science est la plus importante pour les princes, si *elle est la science des rois*, le duc de Bordeaux est, à onze ans, un des princes les plus instruits de l'Europe.

On m'a cité un trait que je ne veux pas oublier. Il était bien jeune alors, et suivait les leçons de Mademoiselle. Le professeur racontait qu'Alexandre s'était endormi la veille de la bataille d'Issus. Le jeune prince prit la plume, et voici la note qu'il traça :

ALEXANDRE — ISSUS.
ENGHIEN — ROCROY.

Cela me rappelle qu'un prince, bien plus âgé que le duc de Bordeaux, suivait un cours public d'histoire. Dans un moment où le professeur citait aussi un fait intéressant, le prince, qui paraissait très-attentif, saisit vivement son crayon. Un de ses voisins, curieux, cherche à découvrir ce qu'il écrit : il dessinait un *petit bonhomme*.

Le duc de Bordeaux et Mademoiselle sont vraiment adorables. Ils s'entretenaient tout seuls un soir d'un petit malheureux qui n'avait qu'une jambe, et que ses parens placent sur leur passage. Ce pauvre enfant n'est pas vêtu, et l'on croit que sa mère ne l'expose

ont été confirmées et renouvelées par eux volontairement, et par actes signés, une première fois à Lulworth, le 24 août, et une dernière fois à Holy-Rood, le 17 décembre 1830.

ainsi à toute la rigueur du froid que pour exciter plus efficacement la compassion. Il fut décidé, dans le jeune conseil, qu'on habillerait le pauvre petit, et qu'on irait chez sa mère pour la menacer de cesser toute charité, si on le retrouvait encore tout nu.

MADEMOISELLE, à ce propos, parlait de sa pauvre femme de *Regent-Terrace*, à laquelle elle donne toujours en passant, et qui lui dit toutes les fois pour la remercier : *Dieu vous bénisse de la tête aux pieds.—C'est le souhait qu'elle fait à tout le monde*, s'écria le duc de Bordeaux ; *et Ménars* (1), *qui est si grand, devrait la payer double*.

J'ai assisté à la leçon de catéchisme de M. le duc de Bordeaux et des deux jeunes de G***. Rien de touchant comme la préparation de ces trois enfans si vrais, si purs, si intelligens, à l'action la plus solennelle de leur jeune vie (la première communion). Tous trois sont pénétrés de son importance et de sa gravité. Puisse-t-elle attirer sur eux toutes les grâces du Ciel !

M. l'abbé de Moligny m'a raconté qu'il y a quelque temps le prince n'ayant plus trouvé dans sa bourse que deux schellings, MADEMOISELLE entendit l'exclamation que lui arracha cette fâcheuse découverte. *Comment, mon pauvre frère*, lui dit-elle, *vous n'avez plus que deux schellings ! Moi, j'ai vingt-cinq louis que ma tante m'a donnés pour ma fête ; il faut que vous me permettiez de partager avec vous*. Après quelque hésitation, le prince accepta le partage, et il alla aussitôt trouver M. l'abbé de Moligny, en le priant de recevoir dix louis pour les pauvres. M. de Moligny lui fit sentir que la somme était trop forte, et qu'il serait prudent de conserver quelques ressources pour les occasions qui pourraient se présenter. Enfin le prince consentit, avec beaucoup de peine, à ne donner que six louis.

Combien j'aime cette générosité, cette charité chez les princes ! Elle dénote un bon cœur, tandis que l'économie parcimonieuse et défiante décèle l'amour de l'or, si indigne d'une âme élevée. . . . . .
. . . . Depuis long-temps les montagnards écossais ont abandonné l'usage de leur costume national, qu'ils ne reprennent plus que dans les occasions solennelles. Le duc de Bordeaux voyageait à l'époque d'un de leurs plus mémorables anniversaires, et il fut agréablement surpris en voyant un jour tous les hommes revêtus de leurs habits de fête. Aussitôt que la nouvelle de son arrivée fut répandue, on lui envoya une députation : on improvisa un siége d'honneur, et le prince paraissait venir tout exprès

(1) M. de Ménars est le premier écuyer de Mme la duchesse de Berri.

pour présider à leurs jeux. Après plusieurs exercices qui l'intéressèrent beaucoup, commença un défi de cornemuses. Les concurrens montrèrent un talent dont le jeune prince a conservé le souvenir; l'air qui remporta le prix, fut celui qui avait été composé pour l'entrée de Charles-Edouard en Ecosse. M. le duc de Bordeaux a désiré un costume montagnard, qu'il porte quelquefois et qui lui sied à ravir.

Ce qu'il y a d'admirable, c'est l'union parfaite qui règne parmi les hommes voués à l'éducation de M. le duc de Bordeaux. Jamais aussi il ne s'est rencontré un élève mieux fait pour en profiter. « Connaissez-vous, me dit-il un jour, la devise de mon cachet? — Non, monseigneur. » L'ayant approché de moi, j'y lus le refrain de la délicieuse romance de M. de Chateaubriand :

Mon pays sera mes amours
Toujours.

« Ah! m'écriai-je, si monseigneur daignait m'en accorder une empreinte pour l'emporter en France! — *Comment une! dix, si vous voulez.* » On pense bien que j'acceptai avec reconnaissance.

Voici l'origine de cette devise. Le jeune Fernand de B*** chantait souvent un couplet de la romance de M. de Chateaubriand. Le duc de Bordeaux, qui l'avait entendue, dit un jour qu'il désirait qu'on gravât sur son cachet le refrain de la chanson de Fernand. L'enfant fut appelé, le refrain répété, et l'on s'empressa de déférer au vœu du jeune prince. MADEMOISELLE, qui partage les mêmes sentimens, a demandé la même devise. Cette jeune princesse a le don des langues. Elle parle l'italien, l'allemand et l'anglais, et tous les princes de l'Europe pourront se disputer un jour le bonheur de s'en faire écouter.

En allant prendre congé de MADEMOISELLE, il nous a été impossible de retenir nos larmes, lorsqu'elle nous a chargés d'une commission pour ses petites filles de France. C'était un paquet renfermant quatre de ses robes, sur lequel elle avait écrit :

Pour mes pauvres petites filles de France.

LOUISE.

Voilà ce que la proposition Bricqueville n'a pas prévu! Toutes les économies de MADEMOISELLE, toutes ses épargnes passent en France; c'est là qu'elle fait tout le bien qu'il lui est encore possible de faire. En la quittant, je lui disais que j'allais donner de ses nouvelles, et

qu'elles seraient reçues avec bien du plaisir ; car les Français l'ai-
ment beaucoup... *Ah ! s'ils nous aimaient autant que nous les
aimons !* m'a-t-elle répondu tristement.

Elle parlait un jour des anciennes prévenances de Mlle d'Orléans
pour elle, et se souvenait de chocolat et de confitures qu'elle en avait
reçus. *Pour moi,* dit le duc de Bordeaux, *je n'ai pas de pa-
reils souvenirs à oublier !...*

Quant à Mme la dauphine, sa douleur est déchirante et semble
s'accroître tous les jours. Elle craint pour les Français cette misère
de l'hiver qu'elle savait si bien soulager (1).

Elle ne peut oublier un seul instant la France, et cependant elle
n'y songe jamais sans verser des pleurs. Un soir, elle avait autour
d'elle une foule de journaux français et étrangers. Vous voyez là les
journaux anglais, me dit-elle, j'habite l'Angleterre ; et ce sont les
articles de France que je lis, que je cherche. —Mais, Madame, cette
France !.. —*Qu'importe ?* me répondit-elle, *c'est là que sont
tous mes souvenirs ; c'est là qu'est tout mon cœur !* et elle san-
glottait !... (Extrait des *Nouveaux Souvenirs d'Holy-Rood.*)

Enfin, le jeune Henri est élevé sans luxe, sans flatterie ; tous ses
amusemens sont militaires. On ne veut en faire ni un moine ni un
savant, mais un homme franc, courageux et ami de son pays. Levé
tous les jours à six heures du matin, il prend une leçon d'armes,
des leçons de dessin, d'histoire, de géographie et de tous les autres
arts utiles ou agréables, qui se succèdent sans autre interruption que
celle de ses récréations après ses repas. On l'accoutume à se cou-
cher de bonne heure. Tous les jours on lui fait faire une promenade
à pied, même par le plus mauvais temps : ses instituteurs ne lui
inspirent d'aversion que pour les *vices, les courtisans et les in-
capables, qui perdraient dix royaumes.* Les traits du jeune
Henri ne présentent d'autre expression que celle de la gaieté, de
l'innocence, de la vivacité et de la bonté. Le costume du prince est
de la même simplicité que ce qui l'entoure : une petite fraise à la
Henri IV, une veste de drap vert ou une capote *bleu de roi,* et un
chapeau rond. En le voyant, je me suis rappelé ces vers du plus
grand de nos poëtes :

> Qu'il ait de ses aïeux un souvenir modeste ;
> Il est du sang d'Hector, mais il en est le reste !
> Dis-lui par quels exploits leurs noms ont éclaté,
> Plutôt ce qu'ils ont fait que ce qu'ils ont été.

(1) On doit se rappeler particulièrement les secours sans nombre qu'elle a prodigués aux
pauvres pendant l'hiver de 1829.

Tel est ce jeune prince, dont M. Odillon-Barrot disait à Charles X en le quittant : *Sire, conservez bien ce royal enfant, sur qui reposent les destinées de la France.* (Pélerinage d'Holy-Rood.)

Quels souvenirs ! Français, chers compatriotes, vous qui conservez dans vos cœurs la foi de la monarchie et de la légitimité, soyez tranquilles ! l'objet sacré de nos espérances est confié à des mains sages ; il prospérera ! Tout est miracle chez le duc de Bordeaux, et je me répète sans cesse que ce n'est pas sans de grands desseins que Dieu l'a doué si étonnamment. . . . . Les montagnes de l'Ecosse rediront long-temps le nom de ce jeune Henri ; les riches coteaux qui environnent la ville de Dunkeld, les lacs de cette contrée sauvage et majes-tueuse conserveront le souvenir du royal enfant. (*Nouveaux souvenirs d'Holy-Rood.*)

C'est là qu'il s'est mêlé aux jeux de cette jeunesse guerrière, dont l'imagination était exaltée par la vue de l'habit national de ces terribles claymores, et par les sons âpres de la cornemuse. La présence du jeune Henri leur rappelait le prince Edouard, pour lequel leurs ancêtres ont combattu si vaillamment. C'est la démarche du prince Charles, s'écriaient-ils ; c'est ainsi qu'on le représente ! et leurs yeux se remplissaient de larmes. Prince infortuné, était-ce donc dans les montagnes de l'Ecosse que tu devais t'attendre à recueillir ces touchantes marques d'amour et de dévouement ? Puisses-tu remplir dans ta patrie la noble mission pour laquelle Dieu t'a fait naître, celle de faire des heureux ! Le moment n'est pas éloigné où ton peuple, fatigué de ses tyrans, appellera de tous ses vœux l'ange de son salut : tu paraîtras alors au milieu de nous comme un signe de paix et de liberté ! et ta voix suffira pour éloigner ces formidables bataillons tout prêts à fondre sur notre belle patrie ! !.... Mais qui pourrait se lasser de suivre l'enfant royal dans ses excursions si intéressantes, au milieu des bons habitans de l'Ecosse ? Une fois, c'était sur les bords du lac Awe, se trouvant séparé de son gouverneur, il entre dans une humble chaumière, où l'on ne pouvait pénétrer qu'en se courbant. Une profonde obscurité y régnait, et il allait se retirer, lorsque du fond de cette hutte presque inhabitable la voix d'un moribond se fait entendre. «*Qui êtes-vous, et où êtes-vous ?* dit alors l'enfant.» Un malheureux malade, répond une voix plaintive, et je suis à deux pas de vous sur un lit de douleur que je n'ai point quitté depuis dix ans. — *Mais ne peut-on vous soulager ?* dit le prince, qui, en s'aidant de ses mains, était parvenu à gagner le misérable grabat : *étes-vous seul?* — Ma femme, reprit le moribon, partage depuis dix ans messouffrances et ma misère. » Dans ce moment on entendit du bruit à la porte. Une femme encore jeune, mais de l'extérieur le plus misérable, entra, conduisant les amis du jeune étranger, qui, dès qu'il les aperçut, courut à celui qui semblait être son gouverneur. Il lui raconta en peu de mots tout ce qu'il venait d'entendre, et finit en disant : « *Nous pouvons encore soulager ce pauvre homme; il est bien malheureux! Permettez-moi de lui donner ce que je possède.*— Souvenez-vous, lui dit le gouverneur, qu'il y a peu de jours vous avez, de concert avec votre sœur, envoyé aux pauvres Français qui jadis vous ont servis, et qui aujourd'hui manquent de pain, tout l'argent destiné à vos plaisirs, et que vous n'avez plus rien maintenant. Quoiqu'il en soit, j'approuve votre noble désir, et je vous prête ma bourse. » L'enfant bondit de joie, s'approcha de la pauvre femme, puis il lui remit la bourse en rougissant, car la bienfaisance a aussi sa pudeur.

(Courrier de l'Europe du 25 décembre 1831.)

Une autrefois le duc de Bordeaux et MADEMOISELLE furent surpris dans leur promenade par un orage des plus violens. Une cabane se présente à leurs yeux; l'hospitalité leur fut accordée avec bienveillance. Les enfans faisaient sécher leurs vêtemens et tendaient leurs mains vers la flamme claire et pétillante qui s'échappait du foyer. Des paysannes regardaient cette scène avec un respect mêlé de curiosité; elles n'osaient approcher. Emues et attendries, elles s'entretenaient à voix basses, se faisant mutuellement part de leurs conjectures. Mais une d'elles, montrant du doigt le jeune étranger, s'écria tout à coup : « C'est celui-là qui sera roi. » (*Courrier de l'Europe* du 26 octobre 1831.)

Ce même jour, mais bien loin de là, des hommes qui se disaient les représentans d'un grand peuple, des hommes qui avaient fait serment de défendre une auguste dynastie, réunis avec solennité dans l'enceinte qui, peu de temps auparavant, avait retenti de leurs protestations de fidélité et d'amour à la royale et antique famille, prononçaient son éternel bannissement. Après avoir proscrit le *grand-père!* le *fils!* la *fille!* une *mère!* ils cherchaient encore une victime sous le rideau fleurdelisé d'un berceau! Non seulement ils lui arrachent une couronne, mais ils lui refusent un tombeau. C'est ainsi que, cachée sous le masque hypocrite d'un faux amour du bien public, la passion poursuit avec acharnement l'innocence et l'infortune. (*Courrier de l'Europe* du 25 décembre 1831.)

Voici, *pour terminer,* le récit de la communion du jeune Henri, duc de Bordeaux, qui à eu lieu dans la chapelle catholique d'Edimbourg, le 2 février dernier ; il se trouve dans une lettre adressée à *la Quotidienne,* et insérée dans son numéro du 14 février :

« Edimbourg, 2 février 1832.

« Il me faudrait presque un volume pour raconter toutes les paroles et toutes les circonstances touchantes de cette journée. Cet enfant bien aimé du Ciel, en tout temps supérieur à son âge, s'est élevé dans ce moment au-dessus de ce que je l'ai jamais vu, par ses pensées, son langage, ses manières. Tout cela avait un caractère de foi, de religion, de tendre piété, de christianisme à la saint Louis et à la Louis XIV, mêlé avec les charmes de la simplicité, la franchise, la vivacité originale de la plus aimable enfance. Il ne pouvait suffire à son bonheur ; il l'exprimait à chaque instant, tantôt par ses paroles pleines de chaleur et d'énergie, tantôt par son admirable physionomie.

« La veille, après midi, le royal enfant est descendu chez son grand-père ; là, à ses genoux, il a reçu une des plus touchantes bénédictions qui jamais ait été donnée. Sa tante et son oncle le bénissaient en même temps : au milieu de leur émotion, ces paroles se distinguaient souvent : *Prie bien pour la France.* Sa tante surtout, si indignement accusée de ne pas l'aimer, cette France, le répétait souvent au milieu de ses larmes. C'était réellement un spectacle touchant que ce royal orphelin aux pieds de son aïeul détrôné et de cette fille de Louis XVI, si grande et si malheureuse. Ces larmes, ces vœux, ces soupirs pour la France étaient dignes d'attirer sur elle la protection du Ciel.

« Dans les paroles sollennelles adressées par le pontife au jeune prince, on a remarqué la phrase suivante :

« La Providence vous a accordé le bienfait d'une éducation forte « et laborieuse ; puissiez-vous être toujours également à l'abri et des « préjugés de l'ignorance et des erreurs d'une science présomptueuse, « Fils de saint Louis, puisse la main de Dieu vous conduire ! »

« Le recueillement, la foi, la piété de l'auguste enfant, son maintien angélique, et en même temps noble et simple, les larmes d'émotion de son vénérable aïeul, celles de sa tante, ce mélange de serviteurs fidèles et d'étrangers, tous frappés, tous émus par des impressions différentes, tout cela formait un ensemble dont l'effet sera mieux compris que je ne puis l'exprimer. Après la cérémonie, l'auguste aïeul, serrant le jeune prince entre ses bras, lui a adressé des avis paternels avec une noblesse et un sentiment exquis, comme aux plus beaux jours de sa vie. « Tes destinées, mon cher enfant, lui a-t-il dit, peuvent être bien grandes, tes devoirs bien difficiles; si jamais tu sens le poids des tribulations et des peines inséparables de ta condition, la pensée du 2 février te donnera de la force. » Le royal enfant a répondu à tout avec un sens, une délicatesse, une sensibilité qui ravissait tout le monde. Quelqu'un lui ayant demandé ce qu'il voulait faire dire aux personnes qui avaient pris, en France, un si vif intérêt à sa première communion, il a écrit le peu de mots que je vous transmets, et qui auront bien leur prix à vos yeux.

« Je veux que toutes les personnes qui ont eu la charité de prier
« pour moi à cette occasion, sachent combien j'en suis reconnais-
« sant, et que je ne les ai pas oubliées devant Dieu dans ce beau jour.
« Si mes prières ont été exaucées, Dieu bénira la France. »

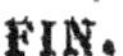

FIN.